I0788035